Goody Goody Gumdrops!
アクティビティブック

できたね！シール

Done!
できたね！

Done!
できたね！

Done!
できたね！

Done!
できたね！

Done!
できたね！

Done!
できたね！

Done!
できたね！

Done!
できたね！

Done!
できたね！

Done!
できたね！

Done!
できたね！

Done!
できたね！

Done!
できたね！

Done!
できたね！

よびシール

じぶんのすきな
できたね！シールを
つくろう

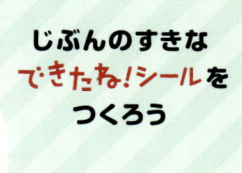

Goody Goody Gumdrops!

アクティビティブック

● Activity Book ●

Written by
Patricia Daly Oe
Mari Nakamura

はじめに

お母さんに頼まれておつかいに出かける男の子。途中で出会ったいろいろな動物たちからもお買い物を頼まれます。無事みんなに品物を届けることができるのでしょうか？　リズムのよいことばの繰り返しが多いストーリー、楽しいアクティビティを通して、食べ物や動物の名前、身近なフレーズを学びましょう。

A boy goes shopping for his mom. On the way to the shop, some animals ask him to do some shopping for them, too. Will he be able to remember and buy everything? Learn food and animal vocabulary, and useful expressions for shopping through this story, with lots of language repetition and a variety of fun activities.

もくじ Table of contents

アクティビティブックについて

このアクティビティブックは
絵本 Goody Goody Gumdrops!（別売り）に対応しています。
アクティブ・ラーニングの概念に沿った「学ぶ」「考える」「創作する」「遊ぶ」の
4つのカテゴリーで英語力と思考力、クリエイティビティ、協調性を育みます。

This activity book is based on the picture book "Goody Goody Gumdrops!".
The activities in the four active learning categories of "learning", "thinking", "creating" and "playing" foster abilities in English language, thinking, creativity and collaboration through observation, word puzzles, chants, stickers, simple crafts and games.

ことばをまなぼう
Let's Learn

絵本に出てくる単語や関連する新しいことばをチャンツ、シール貼り、線結びなどを通して学びます。ここで楽しく身につけた語彙力が次からの活動の基礎となります。

かんがえよう
Let's Think

仲間分けや身近な場所、身の回りを観察するアクティビティを通して思考力を養います。答えが決まっていない活動は、子どもの自主性や自由な発想も養います。

つくろう
Let's Create

色塗りやシンプルな工作に取り組み、出来上がったものを英語で表現します。その過程で子どもは、創意工夫する喜びや表現する楽しさを経験し、創造力を身につけていきます。

あそぼう
Let's Play

ごっこあそびやボードゲームを通して、想像力や協調性を養います。また、これまでに習った英語を遊びを通して使うことにより「英語ができる！」という自信を育みます。

アクティビティブックの効果的な使い方

1. まず、対応の絵本、DVDでストーリーを楽しみましょう。そのあとにこのアクティビティブックに取り組むと、学習効果がアップします。

2. アクティビティは、一度にたくさん進めるよりも、少しずつ楽しみながら取り組んでいきましょう。上手にできたら できたね！ シールを貼って、ほめてあげましょう。

3. このアクティビティブックの4〜5ページ、10〜11ページのチャンツは動画で楽しんで、繰り返し聞いて英語の音やリズムを体で覚えていきましょう。

指導者の方へ

教室では、一人一人の個性的な表現を尊重し、違いを認め合う雰囲気で活動を進めましょう。生徒が絵や作品について日本語で話した時は、それを英語に直して語りかけたり、その英語をリピートするように促したりして、英語を話せるように導きます。

保護者の方へ

絵本の世界を味わいながら、ゆったりとした気分で進めていきましょう。この本には、子どもの自由な表現を促す、答えが決まっていない活動も多く含まれています。 取り組みのヒントを参考に、子どもと一緒に伸び伸びと英語の探索を楽しみましょう。

えじてん
Picture dictionary

チャンツのリズムにのって、たんごをいいましょう。
Chant the words.

えじてんのえカード（p.27–29）であそびましょう。
Play with the picture cards on pages twenty-seven to twenty-nine.

できたね！
シール
sticker

1 gumdrops

2 bread

3 cheese

4 donut

5 fish

6 banana

7 cookie

8 mom

9 dad

11 cat

10 rabbit

12 dog

14 store

13 monkey

16 buy

15 Thank you.

**取り組み
のヒント**
Learning Tips

チャンツを聴き、絵を指さしながら単語をリピートしましょう。音声を再生できない場合には、単語を読んであげてください。アクティビティをする前にチャンツの練習をすると、楽しみながら身につけることができます。また、27〜29ページの絵カードを使って仲間探しをしたり、裏返して「○○○カードはどれでしょう」とクイズをしたり、メモリーゲームをしたり、いろいろなアクティビティを楽しめます。

Children listen to the chant, look for the pictures and repeat the words. If you cannot listen to the audio, please read the words to the children. Learning will be fun if you repeat the chant each time before doing the activities. By using the picture cards on pages 27 to 29, you can enjoy activities like memory games and quizzes. (For example, pick up the card with the word ○○○.)

シールをはろう
Fun with stickers

みえているえがなにかかんがえて、シールをはりましょう。
Find and place the stickers.

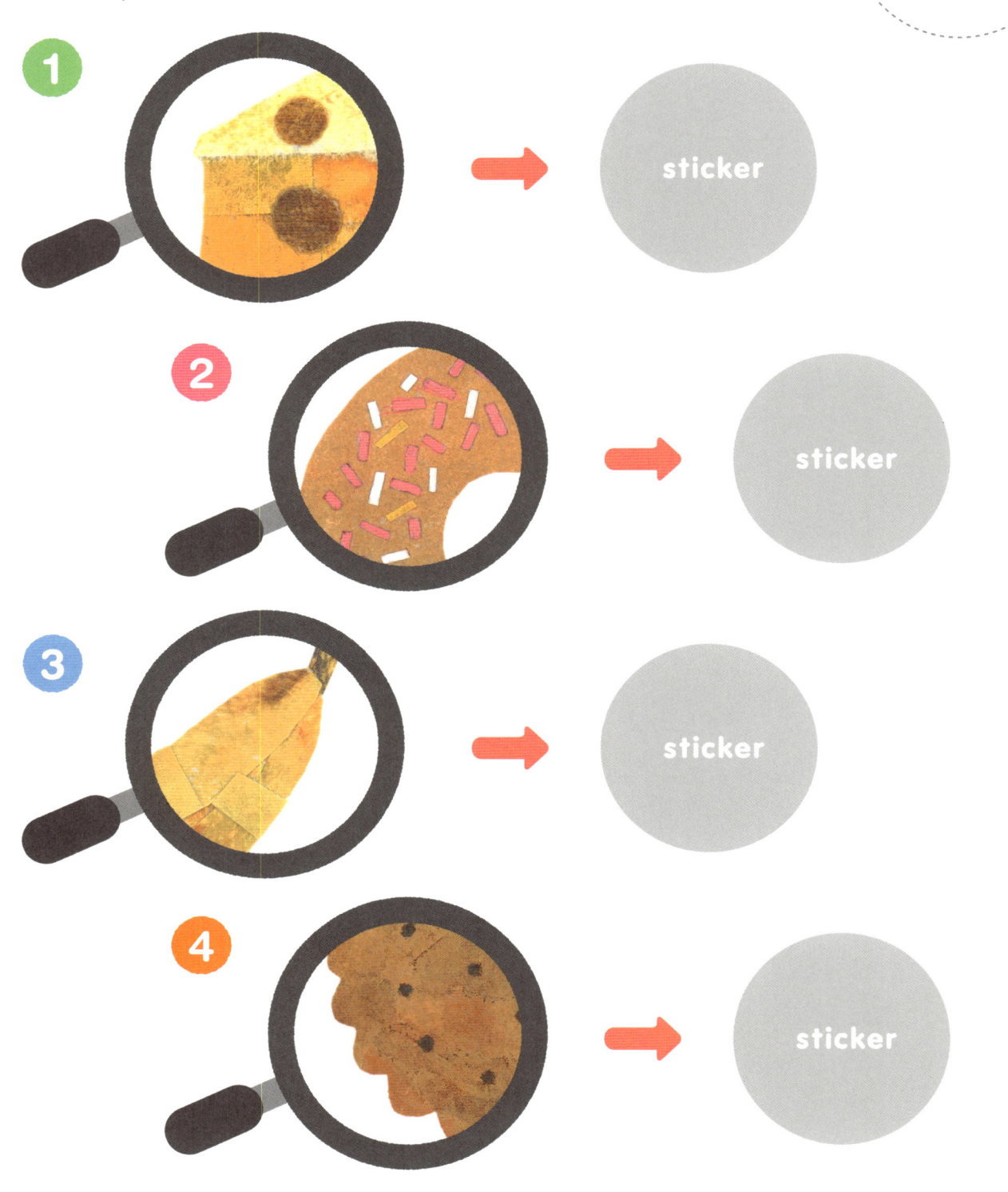

取り組み
のヒント
Learning Tips

シールを貼る時には、一緒に英語を言ってみましょう。
Say the words together as children put the stickers in place.

さがそう
Search for the pictures

どうぶつたちがおとこのこにかってきてもらった
たべものはなにかな？ ◯ にえをかきましょう。
かごのえがヒントです。

Find and draw the pictures of the food
each animal wants in the ◯.

できたね！
シール
sticker

ヒント

なぞろう
Trace letters

えいごをいってなぞりましょう。
Say the words and trace.

···········  なぞる

できたね!
シール
sticker

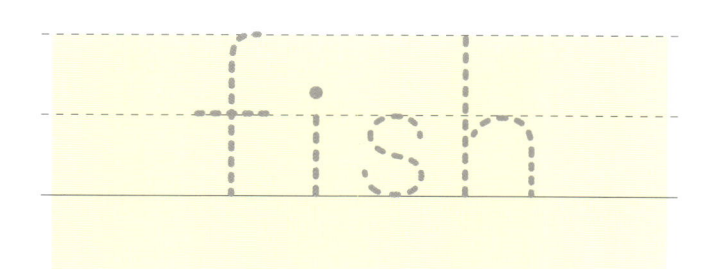

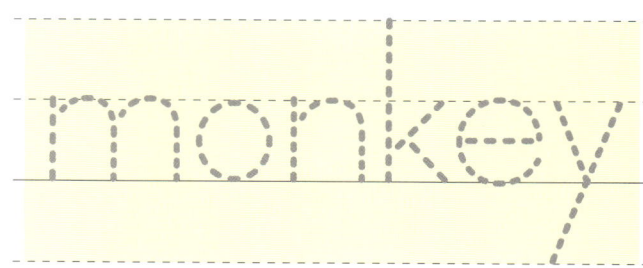

取り組み
のヒント
Learning Tips

なぞる前となぞった後に、英語を言ってみましょう。
Say the words in English before and after tracing them.

せんでむすんでなぞろう
Connect with lines and trace

えとえいごをせんでむすび、もじをなぞりましょう。
Connect the picture with the word and trace.

 なぞる

できたね!
シール
sticker

1 　**2** 　**3** 　**4**

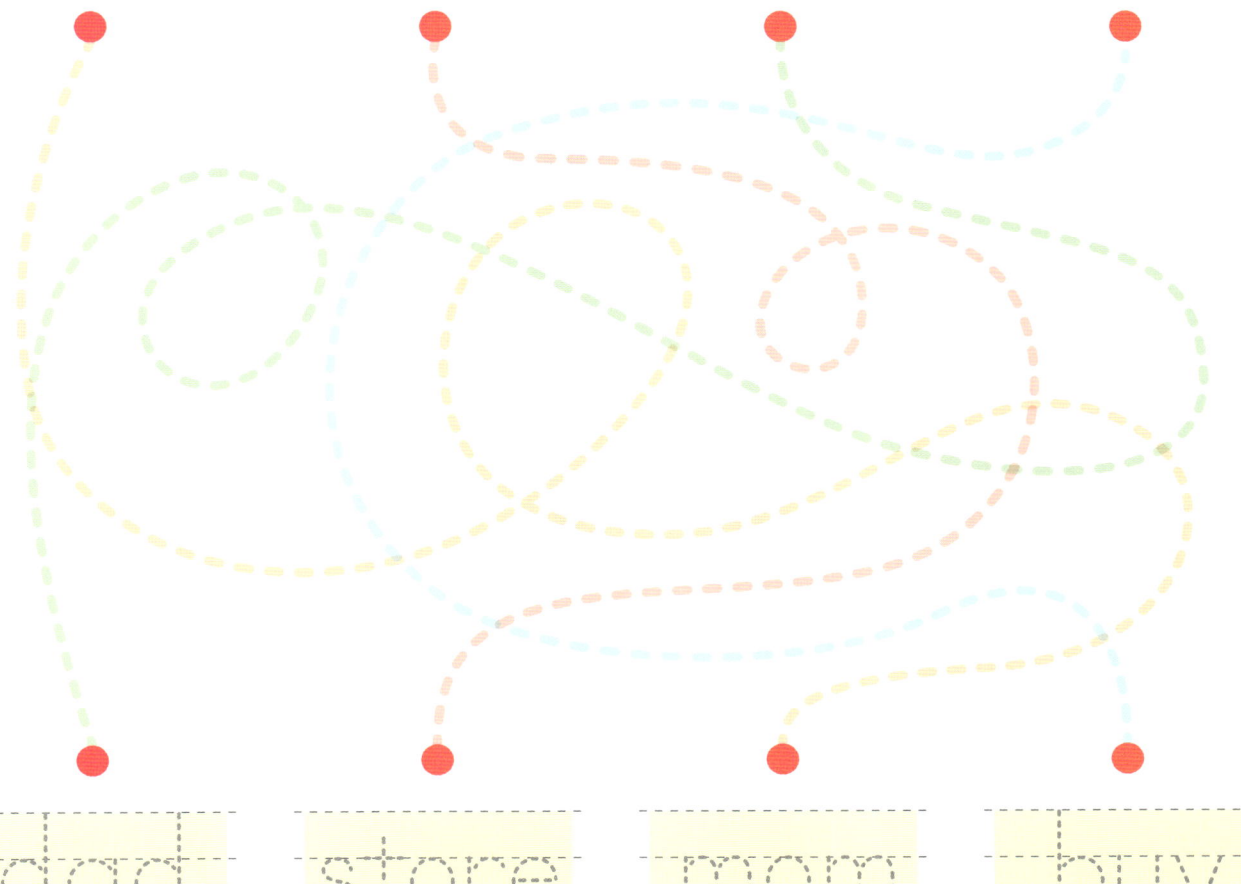

dad　store　mom　buy

**取り組み
のヒント
Learning Tips**

英語を読めない子どもには、読んであげましょう。
Please read the words to children who cannot read.

あたらしいことばを
おぼえよう

Learn more words

あたらしいことばの **スマートフォンをかざして チャンツをききましょう** ♪♪

Listen to the chant with a smart phone.

できたね！
シール
sticker

ほかにどんなことばがあるかな？
シールをはって、えカード（p.27-31）であそびましょう。

Find and place the stickers. Play a game with the picture cards on pages twenty-seven to thirty-one.

1

gumdrops　　lollipop　　cupcake

2

cheese　　　milk　　　yogurt

3

banana　　watermelon　pineapple

10

4

Thank you.   You're welcome.   Bye.
（どういたしまして。）

5

dog   mouse   squirrel

6

store   street   forest

取り組み のヒント Learning Tips

絵本に出てこない身近なことばを練習してみましょう。それぞれどんな仲間でしょうか。新しい単語はチャンツで聴くことができます。27〜31ページに絵カードがありますので、一人が単語を言って、もう一人がカードを取るような遊びをしてみましょう。

Let's practice some other words related to the words in the story. How are they connected? You can listen to the chants for pronunciation. You can use the picture cards on pages 27 to 31 to play a simple game where one person says a word and the other person finds the matching card.

なにかな？

What are they?

Bにちゃいろ、Gにみどり、Pにピンク、Yにきいろをぬりましょう。
なにのえがでてくるかな？
B＝brown　G＝green　P＝pink　Y＝yellow
What are the pictures?

B＝**brown**　G＝**green**　P＝**pink**　Y＝**yellow**

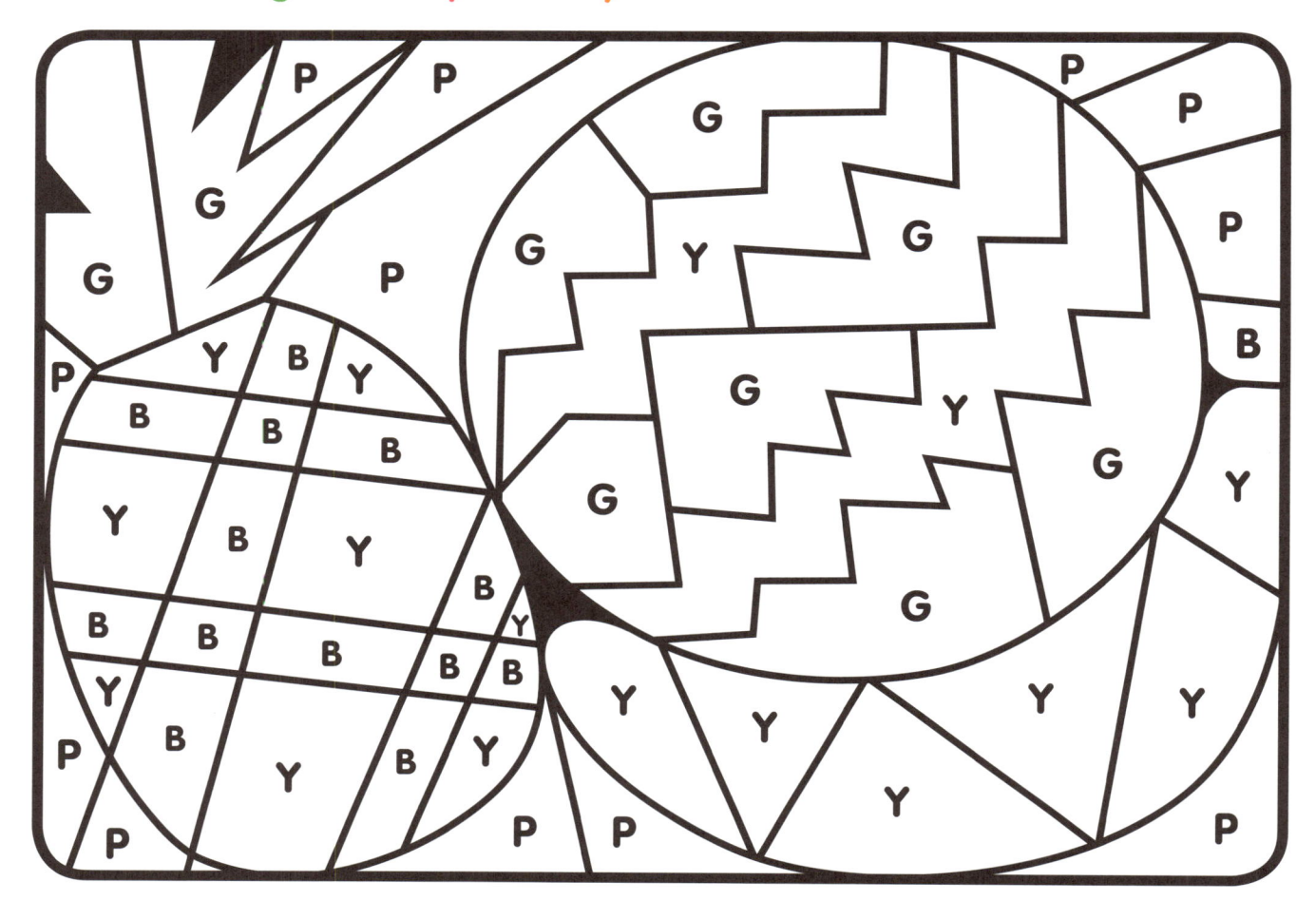

取り組み
のヒント
Learning Tips

指示通りに色を塗ると、絵が出てきます。絵が出てきたら一緒に英語を言ってみましょう。

When the parts of the picture are colored in as indicated. some pictures are revealed. Say what they are together.

なぞってみつけよう

Track, find, and trace

ネズミ、リス、サル、ウサギはどれがほしいかな？
せんをなぞって、ほしいものをみつけましょう。
そのあとに、どうぶつのしたのもじをなぞりましょう。

Help the animals find what they want.
Then trace the words below the animal pictures.

でんきたね！
シール
sticker

- - - - - - - - - - 🖊 なぞる

mouse

yogurt

squirrel

watermelon

monkey

lollipop

rabbit

cupcake

アクティビティを終えたら、What does the rabbit want?　Watermelon. のようにクイズもできます。答え
は、単語だけでいいです。

After finishing this activity, you can ask questions like, "What does the rabbit want?"…
"Watermelon." One word answers are fine.

わけてみよう

おとこのこになにをかってきてほしいですか？
かってきてほしいものをみぎのページのかごのなかに、
かってきてほしくないものをかごのそとにかきましょう。
What do you want? Draw the pictures on the next page.

cookie

gumdrops

banana

bread

milk

donut

fish

cheese

pineapple

**取り組み
のヒント**
Learning Tips

自分が欲しいもの、欲しくないものを想像して楽しみます。欲しいものについては I want ...、欲しくない
ものについては I don't want ... と言えるといいですね。

Children can enjoy thinking about what they want or don't want and it is even better if they can
say "I want ..." or "I don't want ..."

よくみてかこう

Look and find

きんじょのおみせにおかいものにいって、
えいごでいえるものをみつけて、えをかきましょう。

Go to a store, and see if you can find something that
you can say in English. Draw the pictures.

できたね！
シール
sticker

> 💡 **取り組み
> のヒント**
> **Learning Tips**
>
> お店に行って、英語で言えるものを探します。絵本やアクティビティブックに載っていないものも、言えることばがあるとうれしいですね。絵はお家に帰ってから、思い出しながら描きましょう。
>
> This activity involves going to a shop and looking for food items that children can say. It is even better if they can say other words that are not in the picture book or activity book. Draw the pictures by remembering the items after coming home.

ぬりえをしよう
Enjoy coloring

すきないろでぬりましょう。
Color the picture.

できたね!
シール
sticker

取り組みのヒント
Learning Tips

色を塗ったら、英語で言えるものを一緒に探して言ってみましょう。
After children have colored in the picture. search for words together that they can say in English.

つくろう
Create your own picture

ドーナツとクッキー、カップケーキをつくりましょう。
トッピングをきってはりましょう。

Make the donut, cookie and cupcake.
Cut and paste.

**取り組み
のヒント**
Learning Tips

19ページの絵を切り離して、このページに並べて貼ってドーナツ、クッキー、カップケーキにトッピング
しましょう。出来上がったら英語でトッピングの種類を言ったり、It looks yummy!（おいしそうね）と
言ってみましょう。

After cutting out the items on page 19. have children think about what kind of topping they would
like for the donut. cookie and cupcake and stick the items on the picture. After finishing. they can
try to say the words for the toppings and other words in English. such as "It looks yummy!"

8 cut きる

ごっこあそびをしよう
Role-playing

えをみてまねをしましょう。
Look at the pictures and practice.

できたね！
シール
sticker

Please buy me a watermelon.

Okay. A watermelon.

Hi elephant! Here's your watermelon.

Thank you!

取り組み
のヒント
Learning Tips

応用として、このアクティビティブックの絵カードやおもちゃ、ぬいぐるみを使って、同様の会話を練習してみましょう。

Practice the same kinds of conversations by using the picture cards in this activity book, toys or stuffed animals.

21

ボードゲームをしよう
Play a board game

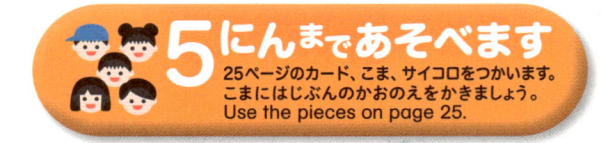
5にんまであそべます
25ページのカード、こま、サイコロをつかいます。
こまにはじぶんのかおのえをかきましょう。
Use the pieces on page 25.

たべものをもらおう
Get the food from the animal friends.

えほんのなかで、どうぶつたちがおとこのこにおかいものをたのんだたべものをあつめるすごろくゲームです。

・じゅんばんにサイコロをふって、サイコロのかずだけすすみます。

・どうぶつのえのマスにとまったら、えほんのなかでそのどうぶつがおとこのこにおかいものをたのんだ
　たべもののカードを1まいもらいます。たとえば、イヌのえのマスにとまったときは "A <u>donut</u>, please." と
　いいましょう。

・おなじどうぶつのえのマスに2かいいじょうとまったときは、カードはもらえません。

・ガムドロップのえのマスにとまったら、"A_____, please." といって、どれでもすきなカードを1まいもらい
　ます。

・たべもの、のみもののえのマスにとまったら、そのえをえいごでいいます。このときはカードはもらえません。

・いちばんはやくドーナツ、おさかな、バナナ、クッキーのカードをそろえたひとがかちです！

- Each player draws their own face on their marker. Roll the dice in turn. Go forward the number of spaces shown on the dice.
- When you land on an animal space, ask for the food that the animal got from the boy in the story and get the food card. For example, if you stop on the space with a dog picture, say "A <u>donut</u>, please." and get a donut card.
- If you stop on the space with the same animal again, you don't get anything.
- You can get any card if you land on a gumdrop space.
- If you stop on a food or drink space, say the word.
- Keep going around the board. The winner is the person who gets all the four food items the fastest!

コースはなんかいでも まわれるよ！

●著者紹介

Patricia Daly Oe（大江パトリシア）

イギリス、ケント州出身。日本の英語教育に従事するかたわら、数多くの紙芝居と絵本を創作。著書に『Peter the Lonely Pineapple』『Blue Mouse, Yellow Mouse』『Lily and the Moon』などがある。英会話を教えていて、英語の先生のためのワークショップを開催しながら、ナレーションの活動や子供のイベントなどもしている。

Patricia Daly Oe is a British picture book author and teacher who also enjoys giving presentations, and holding events for children.

公式ホームページ ●http://www.patricia-oe.com

中村 麻里

金沢市にて英会話教室イングリッシュ・スクエアを主宰。幼児から高校生の英語指導にあたるかたわら英語教材、絵本の執筆、全国での講演にたずさわり、主体性や表現力など21世紀型スキルを伸ばす指導法の普及につとめている。イギリス・アストン大学TEYL（Teaching English to Young Learners）学科修士課程修了。2013年 JALT 学会 Best of JALT（ベスト・プレゼンター賞）受賞。

Mari Nakamura is a school owner, teacher trainer and ELT materials writer who loves good stories and playing with children.

公式ホームページ ●http://www.crossroad.jp/es/

Goody Goody Gumdrops!
アクティビティブック

発行日	2017年9月27日　初版第1刷
	2023年5月20日　第二版1刷

執　　筆	Patricia Daly Oe / Mari Nakamura
イラスト	松岡 芽衣
デザイン	柿沼 みさと、島田 絵里子
協　　力	mpi English School 本部校
英文校正	Glenn McDougall
編　　集	株式会社 カルチャー・プロ
音　　楽	株式会社 Jailhouse Music
プロデュース	橋本 寛
録　　音	株式会社 パワーハウス
ナレーション	Rumiko Varnes
印　　刷	シナノ印刷株式会社
発　　行	株式会社 mpi 松香フォニックス
	〒151-0053
	東京都渋谷区代々木 2-16-2 第二甲田ビル 2F
	fax 03-5302-1652
	URL https://www.mpi-j.co.jp

● **こま** じぶんのかおのえをかいて、こまにしてつかおう
markers

● **カード**
cards

----- ✂ cut きる

glue はる

fold やまおり

● **サイコロ**
dice

1 **2** **3**
glue glue glue glue glue glue

サイコロのつくりかた
① ------ せんにそって、はさみできります。
② ―― せんをやまおりします。
③ glueにのりをぬります。

gumdrops	bread	cheese
donut	fish	banana
cookie	mom	dad

rabbit 	cat 	dog 
monkey 	store 	Thank you. 
buy 	lollipop 	cupcake 
milk	yogurt 	watermelon 

pineapple 	You're welcome. 	Bye. 
mouse 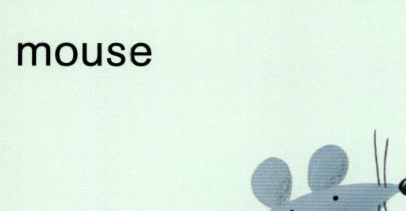	squirrel 	street 
forest